Inhalt

Einkaufscontrolling - Im Einkauf liegt in Zeiten der Finanzkrise der Schlüssel zum Erfolg

Kernthesen

Beitrag

Fallbeispiele

Weiterführende Literatur

Impressum

Einkaufscontrolling - Im Einkauf liegt in Zeiten der Finanzkrise der Schlüssel zum Erfolg

M. Westphal

Kernthesen

- Die aktuelle Finanzkrise rückt die Bedeutung des Einkaufs noch mehr in den Vordergrund.
- Einkaufsentscheidungen dürfen nicht mehr nur rein auf die Einkaufskosten des Produkts achten, sondern müssen die Kosten der gesamten Wertschöpfungskette berücksichtigen.
- Die Arbeit des Einkäufers wird immer komplexer und bedarf zu fundierten

Entscheidungen einer Unterstützung durch Einkaufscontrolling.

Beitrag

Die global orientierte Arbeit des Einkaufs benötigt zunehmend die Betrachtung der Kosten der gesamten Wertschöpfungstiefe. Die damit einhergehende Zunahme der Komplexität kann nur mit Hilfe eines entschiedenen Einkaufscontrollings aufgelöst werden.

Aufgrund der Komplexität der Beschaffungsmärkte muss der Einkauf durch Einkaufscontrolling unterstützt werden

Die Komplexität der Beschaffungsmärkte erhöht sich ständig. Die zunehmende Tendenz zum buy im Falle von Make-or-Buy-Entscheidungen verringert die Wertschöpfungstiefe. Der zunehmende Kostendruck sowie immer kürzere Produktlebenszyklen tragen darüber hinaus dazu bei, die global orientierte Arbeit des Einkaufs in ihrer Bedeutung für den Unternehmenserfolg wachsen zu lassen. Die zunehmende Komplexität verlangt aber auch nach entsprechender Unterstützung der Einkaufstätigkeit durch gezieltes Controlling sowie spezifische Performance Messung der Einkaufstätigkeit. (1)

Performance Measurement gewinnt im Einkauf zunehmend an Bedeutung

Die betriebswirtschaftliche Literatur beschäftigt sich schon seit Längerem mit dem Thema des objektiven Performance Measurements. Dabei werden vor allem die rein monetär orientierten Instrumente und Kennzahlen kritisiert, da ein solcher finanzieller Fokus die objektive Leistungsbewertung verfälscht. Performance Measurement versteht sich als ein aufgebohrtes Controlling, in dem Leistungs- und Führungsziele zueinander in Relation gesetzt werden. Controlling ist mit der reinen Informationsversorgung der Unternehmensleitung betraut. Die Ermittlung der Einkaufsperformance ist von großer Bedeutung, da die Einkaufsleistung nicht effektiv geführt werden kann, wenn keine transparenten Daten über die Einkaufsleistung vorliegen bzw. generiert werden können.
Ein wesentliches Problem liegt darin begründet, dass es für die komplexe Einkaufsleistung, die sich mittels

strategischer, prozessualer und informatorischer Aspekte definiert, kein valides Instrumentarium gibt. Dabei ist zu klären, wie die Performance des Einkaufs zu messen ist und wie detaillierte Ziele und Strategien für den Einkauf gesteckt werden können. Erst dann kann auch die Leistung wirklich genau gemessen werden. Dass bedingt aber auch die Installation eines individuellen unternehmensspezifischen Measurements, in dem neben den rein quantitativen Faktoren auch qualitative in eine mehrdimensionale Zielsteuerung integriert werden, welche nicht nur die monetären Einsparungen berücksichtigt. (1)
Es gibt verschiedene mögliche Steuerungskonzepte für ein Performance Measurement System im Einkauf. So können Kennzahlensysteme, Balanced Scorecard oder auch eine monetäre Wertbeitragsmessung herangezogen werden. Die Mehrdimensionalität der Einkaufsfunktion verlangt dabei eher nach mehrdimensionalen Systemen wie der Balanced Scorecard oder entsprechend aufgebauten Kennzahlensystemen. Denn nicht jede Komponente der komplexen Einkaufsleistung lässt sich nur durch monetäre Kennzahlen darstellen. (1)
Die Natur der Einkaufsaufgabe führt es mit sich, das gerade bei der Nutzung von Kennzahlensystemen ein starker Fokus auf Kennzahlen zu Preisnachlässen, Einsparungen und Verhandlungserfolgen liegt. Allerdings mangelt es derartigen monetären

Kennzahlen häufig an einer langfristigen Orientierung. Aufgrund einer möglichen Reduktion des Anlage- und Nettoumlaufvermögens kann der Einkauf auch einen entscheidenden Wertbeitrag leisten.

Zur Einführung eines effektiven Performance Measurements im Einkauf ist es allerdings unabdingbar, dass Ziele, Strategien und Maßnahmen im Einkauf klar definiert sind. Um den Einkauf effektiv zu steuern, ist es notwendig, dass er sowohl in die Controllingstrukturen des Unternehmens integriert wird wie auch in das Unternehmensreporting. (1)

Die Evaluation von Make-or-Buy-Entscheidungen kann nur mittels Unterstützung des Einkaufscontrollings geleistet werden

Die gesamte Struktur eines Unternehmens wird sehr stark von Make-or-Buy-Entscheidungen beeinflusst. Die häufig durch Buy-Entscheidungen erwarteten Kosteneinsparungen müssen sehr genau analysiert werden, auch im Hinblick auf die mit einer solchen

Entscheidung verbundenen sehr komplexen Wirkungszusammenhänge und Folgen. Immer wieder werden diese Make-or-Buy-Entscheidungen rein unter Kostengesichtspunkten, ohne analytische Betrachtung der Folgen und Wirkungen getroffen. Vielfach geht es bei diesen Entscheidungen gar nicht um das ob, sondern nur um das wie und mit welchem Partner.
Insbesondere die Kosten einer Make-Lösung werden oftmals manipuliert, um die Buy-Entscheidung zu stärken. Häufig arbeiten auch Einkauf und Lieferanten zusammen, die Wertschöpfungskette einer Buy-Entscheidung zu optimieren, um damit gezielt die internen Make-Kosten zu unterbieten. Eine wesentliche Frage, die dann das Controlling ins Spiel bringt, besteht darin, ob für Make-Berechnungen Vollkosten oder aber nur Grenzkosten ansetzbar sind. Gerade die politisch wie auch emotional bedingte Verschleierung der wahren Kostenstruktur von Make- oder Buy-Lösungen kann oft zu für das Unternehmen falschen Entscheidungen führen. Auch Erfahrungskurveneffekte, die bei Buy-Entscheidungen häufig ins Feld geführt werden, müssen sehr genau überprüft werden.
Die Aufgabe eines auf den Einkauf fokussierten Controllings besteht darin, sehr genau die Rechenkomplexität einer Make-or-Buy-Entscheidung zu reduzieren über die Schaffung von transparenten und vergleichbaren Kosten, insbesondere in der

Gegenüberstellung der Fix- zu den variablen Kosten. (2)

Kennzahlensysteme für den Einkauf müssen sehr sorgfältig erstellt werden

Die Kennzahlensysteme, die dem Einkauf vom Controlling zur Verfügung gestellt werden, können Transparenz schaffen und ermöglichen damit eine effiziente Ressourcenallokation. (4)
Vom Controlling muss sichergestellt werden, dass das System transparent aufgebaut und detailliert strukturiert ist. Die Kennzahlen müssen auch den relevanten Adressaten zur Verfügung gestellt werden und die komplexen Wirkungszusammenhänge aggregiert darstellen. Dabei müssen die Kennzahlen auch jeweils auf Validität, Sensitivität und Plausibilität überprüft werden. Aber auch der Aufwand der Kostenerfassung muss sich im Rahmen halten.
Zu unterscheiden ist zwischen Strukturkennzahlen, sowie kosten-, qualitäts- und produktivitätsbezogenen Kennzahlen. Dabei dienen die Strukturkennzahlen der Beurteilung der anderen Kennzahlen. So muss z. B. im Logistikbereich eine

produktivitätsorientierte Kennzahl, die die Anzahl kommissionierter Positionen je Mitarbeiter erfasst, in Relation zur Strukturkennzahl Positionen je Auftrag gesetzt werden. (4)
Bei der Anwendung von Kennzahlen als Benchmarks ist die Implementierung eines Referenzwertes zu berücksichtigen, um auch über den Zeitablauf vergleichbare Analysen zu ermöglichen. (4)

Auch im Rahmen von Entscheidungen zur Lieferantenstrategie kann das Einkaufscontrolling unterstützend wirken

Bei der Festlegung einer Lieferantenstrategie kann das Controlling sehr nützlich sein. Die Definition der Rolle eines Lieferanten in Bezug auf seinen Anteil an der zukünftigen Versorgung und die Evaluierung der notwendigen Maßnahmen von Seiten des Unternehmens können aufgrund der Komplexität des gesamten Tatbestands nur mit Hilfe geeigneter Controlling-Aussagen getroffen werden. Faktoren, die berücksichtigt werden müssen sind dabei:
- die Sicherstellung der Entwicklung einer

partnerschaftlichen Zulieferbeziehung,
- die Absicherung der Lieferfähigkeit,
- Aufzeigen von Möglichkeiten zur Verbesserung der Lieferperformance in selektiv ausgewählten Leistungskriterien,
- ggf. Maßnahmen zum aktiven oder auch passiven Aus- oder Einphasen von Lieferanten.
Ziel all dieser Analyen muss es sein,
- die Lieferperformance analog zu den Daten der Lieferantenbewertung zu erhöhen,
- die Entwicklung guter Lieferanten in neue Marktsegmente,
- gemeinsame Maßnahmen zur Verbesserung der Supply Chain und die
- Etablierung von Rahmenverträgen. (6)
Ganzheitliche Kennzahlensysteme werden immer dann benötigt, wenn im Rahmen von Outsourcing-Entscheidungen diese zum einen vorbereitet werden und zum anderen im Betrieb auf ihre Effizienz hin überprüft werden sollen. Gerade die Kontrolle der unternehmensübergreifenden Kosten im Falle von Logistikdienstleistungen verlangt dabei nach einem gezielten Controlling. (4)
Auch für kooperative Ansätze, bei denen Unternehmen mit ihren Lieferanten in einem partnerschaftlichen Verhältnis die Einkaufskosten durch gemeinsame Aktivitäten wie effizientere Supply-Chain-Prozesse über die Lieferkette optimieren wollen, wird eine Unterstützung durch

das Controlling benötigt. (5)

Fallbeispiele

BMW will bis 2012 seine Kosten um sechs Milliarden senken. Damit wird der größte Kostenblock der BMW AG, der im Einkauf liegt und 26 Milliarden Euro beträgt, zu einem Schlüsselbereich, der alleine vier der sechs Milliarden beitragen soll. (5)
Der Trend hin zum Outsourcing oder auch zu Third-Party Providern kann durch gezieltes Third-Party Management optimiert werden. Oft kann es sinnvoll sein, eine solche Maßnahme durch einen professionellen Third-Party Manager zu leisten. Gerade für eher nicht-strategisches C-Material, bei dem 20 Prozent des Beschaffungsvolumens von 80 Prozent externer Dienstleister geleistet wird, bietet es sich an, diese durch externe Third-Party Manager steuern zu lassen. Die Ermittlung dieser C-Teile wie auch die Steuerung der Third-Party Manager muss durch ein entsprechendes Einkaufscontrolling unterstützt werden. (7)

Weiterführende Literatur

(1) Reinisch, Michael / Henne Florian / Krämer, Urs M. / Voigt, Kai Ingo / John, Stefanie, Performance Measurement im Einkauf Eine empirische Untersuchung, Controlling, November 2008, S. 609 616
aus is report, Heft 10/2008, S. 8

(2) Selbst machen oder einkaufen Mit Portfolios Make-or-Buy-Entscheidungen methodisch absichern und neue Optionen schaffen
aus Industrial Engineering, Heft 5/2008, S. 22-29

(3) Saubere Trennung
aus Computerwoche, 31.10.2008, Nr. 44

(4) Kennzahlensysteme im Einsatz
aus Logistik inside, Heft 01/2009, S. 38-41

(5) Im Gespräch mit Andreas Gräf, Berater bei A.T. Kearney Risiko beim Rohstoffeinkauf minimieren Kostenhebel Beschaffung In wirtschaftlich schwierigen Zeiten rückt bei Unternehmen die Kostensenkung in den Vordergrund und damit unausweichlich das Thema Einkauf. Verspricht es doch Einsparungen in Milliardenhöhe.
aus Automobil-Industrie Nr. 012 vom 11.12.2008 Seite 018

(6) Die 15 M-Architektur der Supply-Strategie, Teil II – Supply-Marktstrategien Wettbewerbsvorteile in Beschaffungsmärkten sichern
aus BA Beschaffung aktuell, Heft 11, 2008, S. 47

(7) Third Party Management Freiräume für den strategischen Einkauf
aus BA Beschaffung aktuell, Heft 11, 2008, S. 54

Impressum

Einkaufscontrolling - Im Einkauf liegt in Zeiten der Finanzkrise der Schlüssel zum Erfolg

Bibliografische Information der deutschen Nationalbibliothek

Die Deutsche Nationalbibliothek verzeichnet diese Publikation in der deutschen Nationalbibliografie; detaillierte bibliografische Daten sind im Internet über http://dnb.d-nb.de abrufbar.

ISBN: 978-3-7379-0066-9

© 2015 GBI-Genios Deutsche Wirtschaftsdatenbank GmbH, Freischützstraße 96, 81927 München, www.genios.de

Alle Rechte vorbehalten. Dieses Werk ist einschließlich aller seiner Teile – z.B. Texte, Tabellen und Grafiken - urheberrechtlich geschützt. Jede Verwertung außerhalb der Grenzen des Urheberrechtsgesetzes bedarf der vorherigen Zustimmung des Verlags. Dies gilt insbesondere auch für auszugsweise Nachdrucke, fotomechanische

Vervielfältigungen (Fotokopie/Mikroskopie), Übersetzungen, Auswertungen durch Datenbanken oder ähnliche Einrichtungen und die Einspeicherung und Verarbeitung in elektronischen Systemen.